LA GAMINE

DE PARIS,

COMÉDIE-VAUDEVILLE EN TROIS ACTES,

PAR M. DUMERSAN,

REPRÉSENTÉE A PARIS, POUR LA PREMIÈRE FOIS,
SUR LE THÉATRE DE LA GAITÉ,
LE 12 AVRIL 1836.

PRIX : 2 FR. 50 C.

PARIS.

J.-N. BARBA, LIBRAIRE,

PALAIS-ROYAL, GRANDE COUR, DERRIÈRE LE THÉATRE-FRANÇAIS,
A CÔTÉ DE CHEVET.

****

1836.

PERSONNAGES.	ACTEURS.
FRANÇOISE CALOQUET, gamine	Mlle LÉONTINE.
ANAIS, sa cousine, couturière.	Mme ROUGEMONT.
THÉODORE BARU, ouvrier.	M. RAYMOND.
OSCAR, commis dans une maison de commerce.	M. EUGÈNE.
ALFRED, étudiant en droit.	M. PECHENA.
UN CAPORAL.	M. CAMIADE.
DEUX SOLDATS.	
UN GARÇON DE CABARET.	M. LAINEZ.
Hommes et Femmes du peuple.	

La Scène est à Paris.

Imprimerie de CHASSAIGNON,
rue Gît-le-Cœur, 7.

GAMINE DE PARIS

COMÉDIE-VAUDEVILLE EN TROIS ACTES.

Acte premier.

Le jardin d'une guinguette hors barrière. Au fond, l'orchestre. A droite
et à gauche des tables.

SCENE PREMIERE.

ALFRED, *seul*.

Il est de bonne heure, aussi cette guinguette est-elle encore
déserte. Cependant le lundi il y a ordinairement affluence, et,
sans doute, les belles que nous persécutons ne manqueront pas
de s'y rendre. Mais Oscar se fait attendre bien long-temps.

SCENE II.

ALFRED, OSCAR.

OSCAR, *chantant dès la coulisse*.

Toujours courant après ma belle,
Ainsi qu'un jeune troubadour!...

ALFRED. Oh! que c'est vieux! que c'est rococo, les troubadours!
OSCAR. Tais-toi donc. Si je chantais du Rossini, du Meyer-
beer, je trahirais mon incognito. Le peuple en est encore à l'air
de la *Colonne* et de la *Dame blanche*.

(*Il chante.*)

Viens, gentille dame!...

ALFRED. Quelle gaîté! Tu as une figure de conquête.

OSCAR. C'est que je crois conquérir aujourd'hui.

ALFRED. Ton Anaïs?

OSCAR. Cette délicieuse grisette commence à entendre le langage du sentiment, surtout depuis que j'ai eu l'excellente idée de louer un appartement de garçon sur le propre carré où est situé son domicile de jeune fille, rue Saint-Jacques, au quatrième étage, sans entresol.

ALFRED. Eh bien, mon cher, si tu triomphes de ta grisette, je n'ose pas en dire autant de ma gamine.

OSCAR. Comment, ta gamine?

ALFRED. Appelle donc autrement cette petite Françoise. Je n'y avais songé d'abord que pour te tenir compagnie et faire partie carrée; mais son originalité m'a ensuite inspiré une fantaisie des plus modernes!

OSCAR. Il est vrai qu'elle est pittoresque : son madras classique sied à ravir à sa gentille physionomie; sa robe de cotonnade dessine une taille svelte et cambrée qui ferait honte à une danseuse de l'Opéra, et elle traîne ses souliers à double couture avec un laisser-aller qui prouve que son joli petit pied appellerait une chaussure plus élégante.

ALFRED. C'est égal! c'est toujours une drôle d'idée que de voir un étudiant en droit courir après une frangère!

OSCAR. On a vu des rois épouser des bergères et faire une pension au papa et à la maman.

ALFRED. C'était avant la révolution! Mais épouser!.. tu épouserais donc Anaïs?

OSCAR. J'espère que non. Je ne suis pas à Paris pour me marier, j'y suis pour apprendre le commerce.

ALFRED. Je ne sais pas ce que tu apprends, mais tu ne retiens que les airs de Chollet et les lazzis d'Arnal.

OSCAR. C'est comme toi qui étudies en droit, et qui donnes dans le travers.

ALFRED. Possible, mais moi je ne suis ni Bouffe ni Opéra comique. Je suis plus moderne que toi.

AIR du Verre.

Il faut faire du sentiment,
Et ça n'est pas très-difficile ;
Mauvais moyen pour un amant,
Que de chanter le vaudeville!
Moi, Porte Saint-Martin fini,
Je ne me nourris que de drames;
Enfin je pousse à l'Antony,
Ça vous pouss' bien auprès des femmes.

OSCAR. C'est vrai, tu t'asphyxieras un soir, tandis que moi
je noierai mes chagrins d'amour dans une orgie.

AIR *d'Adam.*

L'orgie est à la mode,
C'est le genr' maintenant ;
Nous en mettons dans l'ode,
L'opéra, le roman.

De Champagn', de Sauterne,
Nos auteurs sont épris !
Et c'est dans le moderne,
C' qu'on voit d' mieux en esprits.

Oui, dans plus d'un moderne écrit,
Voilà tout c' qu'on trouve d'esprit.

ENSEMBLE.

Dans le genre moderne,
Ayons donc de l'esprit !

ALFRED. Ne parle pas de çà à ton Anaïs, ou tu manqueras ta
conquête. Vois-tu, Oscar, on n'a jamais une femme par la
gaîté. Pleure, fais semblant de pleurer, menace de te tuer, et
elle voudra que tu vives pour elle.

OSCAR. Tu crois ?

ALFRED. Çà m'a toujours réussi. Et puis ne l'effraies pas par ta
supériorité : les grisettes ont peur des hommes comme il faut ;
elles savent qu'ils promettent plus qu'ils ne tiennent, et la grisette ambitionne beaucoup le mariage.

OSCAR. Je le promettrai.

ALFRED. Moi aussi ; mais pour y faire croire, il faut avoir l'air
bon enfant. Ainsi, pour inspirer la confiance, soyons peuple.

OSCAR. Ma foi, nous sommes des séducteurs bien déguisés.

ALFRED. Des diplomates premier numéro.

SCENE III.

LES MÊMES, THÉODORE.

THÉODORE, *à part.* Voilà ces deux je ne sais qu'est-ce, qui se
trouvent depuis quequ'temps continuellement sur les pas de la
jeunesse que je fréquente.

OSCAR. Promenons-nous sans faire semblant de rien.

THÉODORE, *à part.* Ils me scient le dos à moi, ces merliflores-là.

ALFRED. Et prenons garde que le bon ton ne nous trahisse.

THÉODORE, *à part.* Faut que je sache aujourd'hui qu'elle est leurs intentions, en se faufilant toujours du côté où il y en a une qui me tient au cœur.

OSCAR. Ne reconnais-tu pas cette espèce de prolétaire qui nous regarde de travers?

THÉODORE, *à part.* Comment les aborder?... Ah! une idée!... (*haut.*) Je vous salue, jeunes gens.

OSCAR. Est-ce que vous nous connaissez?

THÉODORE. Pourquoi pas? vous êtes ouvriers, n'est-ce pas?

OSCAR. Oui. (*à Alfred.*) Il faut dissimuler.

THÉODORE. Dans quelle partie que vous travaillez, jeune homme?.... Vous me faites l'effet d'être garçon chapelier.

OSCAR. Comme vous dites. (*à part.*) Laissons-lui son erreur grossière.

THÉODORE. Et votre camarade est perruquier, pas vrai?

ALFRED. Pourquoi pas? Il n'y a pas de déshonneur à donner un coup de peigne à ceux qui le méritent.

THÉODORE. Oh! mon Dieu non! il n'y a pas de sots états, il n'y a que de sottes gens. Tenez, moi, je suis ouvrier sellier; oui, je suis dans les selleries.

OSCAR. Vous n'en avez pas l'air. Je vous prenais pour un pair de France déguisé.

THÉODORE. Mauvais farceur! Sans vous commander, est-ce que vous venez danser par ici?

ALFRED. Si vous le permettez, mon brave.

THÉODORE. Moi aussi. Dieu! j'aime-ti la danse le lundi! le dimanche j'aime mieux le spectacle.

OSCAR. Monsieur est amateur, il va sûrement à l'Opéra buffa?

THÉODORE. Pas positivement; mais je ne crois pas me tromper: dimanche dernier, vous étiez à la Porte Saint-Martin, à la troisième amphithéâtre?

OSCAR. Je ne me rappelle pas vous y avoir vu.

THÉODORE. Vous y étiez, à preuve que j'était en société avec deux jeunesses, une brune et une blonde, qui avait des tirebouchons, coiffée en foulard; que je leurs y ai payé des marrons et du cidre.

ALFRED. Je ne les ai pas remarquées.

THÉODORE. L'autre avait un petit bonnet avec des coques.

OSCAR. Ça se peut.

THÉODORE. Vous dites ça: mais vous les avez reluquées, si bien que je commençais à maronner, en mangeant mes marrons, et que je n'entendais plus du tout la pièce, quoique les acteurs criaient pourtant assez fort.

OSCAR. Ah! ça, dites donc, est-ce que vous êtes ici pour nous interroger?

THÉODORE. Peut-être.

ALFRED. C'est que nous n'y sommes pas pour vous répondre.

THÉODORE. Ça n'est pas sûr.

OSCAR. Eh bien, avec votre permission, faites-nous l'amitié de nous laisser tranquilles.

THÉODORE. Vous en avez le droit : mais si vous circulez autour du sexe que je protège, vous me permettrez de vous repasser des calottes, ou autres comestibles.

AIR : *Voulant par ses œuvres.*

ALFRED.

Nous avons, si je ne m'abuse,
Le droit de n' pas les accepter.

THÉODORE.

Et moi j'ai l' droit, si ça m'amuse,
De vous les offrir sans compter.

OSCAR.

Nous pouvons aussi, sans patentes,
Vous en fair' le remboursement,
Et vous les rendre à cinq pour cent,
Malgré la réduction des rentes.

Au plaisir. (*Ils sortent*).

SCÈNE IV.

THÉODORE.

THÉODORE. Ces êtres-là me semblent bien insignifians. Veillons au salut de mamselle Françoise; elle retarde bien à venir... Elle est si flaneuse! Pourvu qu'elle ait rencontré une dispute, ou un escamoteur, ou le singe qui monte à cheval sur un caniche, ou l'homme qui jette des cannes en l'air, elle est capable de n'arriver ce soir que demain matin. — Mais j'aperçois son amie, seule avec son parapluie. — Quelle fille de précaution que c'te mamselle Anaïs!

SCENE V.

THÉODORE, ANAIS.

THÉODORE. Bien le bonjour, mamselle Anaïs.

Aɴᴀïs. Bonjour, M. Théodore.

ᴛʜÉᴏᴅᴏʀᴇ. Vous êtes seule comme un désert. Où qu'est donc votre amie et collègue mamselle Françoise?

Aɴᴀïs. Elle est sortie avant moi, et je suis partie toute seule de la maison, parce que j'avais de l'ouvrage à finir.

ᴛʜÉᴏᴅᴏʀᴇ. Que vous êtes une jeunesse estimable! le plaisir ne vous fait pas oublier l'intérêt.

Aɴᴀïs. Il n'y a pas besoin d'être ici à midi, pour danser à cinq heures du soir.

ᴛʜÉᴏᴅᴏʀᴇ. Au surplus, vous voilà; vous êtes venue tout droit devant vous, de la rue Saint-Jacques à Belleville, par le cabriolet de vos jambes; mais si mamselle Françoise a trouvé une petite occasion de gaminer en route, elle ne se sera pas gênée.

Aɴᴀïs. Elle en est bien capable.

ᴛʜÉᴏᴅᴏʀᴇ. Vous êtes raisonnable, vous, mameselle Anaïs!

Aɴᴀïs. Pas plus qu'une autre : mais j'ai meilleur ton, parce que mes parens m'ont mieux éduquée.

ᴛʜÉᴏᴅᴏʀᴇ. Après ça, ce n'est pas sa faute à c'te pauvre petite Françoise, si M. Caloquet, son père, était un soiffeur de première force; si sa mère Caloquet était occupée de son petit commerce et de ses huit enfans! Françoise a vécu un petit peu à la grâce de Dieu. Ça n'est pas façonné, mais c'est honnête.

Aɴᴀïs. Ah! sans cela, et quoiqu'elle soit ma cousine, je ne lui aurais pas offert un asile dans ma chambre; c'est déjà bien assez qu'elle n'ait pas mon genre.

ᴛʜÉᴏᴅᴏʀᴇ. Sans reproche, mamselle Anaïs, vous avez fait là un beau trait. En lui économisant un loyer, vous l'avez peut-être retirée du précipice.

Aɪʀ : *Le soir, au Boulevard du Temple.*

Dans le monde, en fait de folie,
On les fait, *je ne sais comment;*
Je n' sais pourquoi; mais dans la vie
On s'en repent, *je ne sais quand.*
Faut ben prend' gard' dans sa jeunesse,
Car en ch'min n'y a pas d' garde-fou :
L'on rencontre des *je n' sais qu'est-ce,*
Et ça vous mène *je n' sais où!*

Aɴᴀïs. Quant à Françoise!... C'est une histoire ça, M. Théodore, que si je vous la racontais!... Savez-vous qu'il y a des romans de M. Ricard qui ne font pas tant pleurer.

ᴛʜÉᴏᴅᴏʀᴇ. Oh Dieu! moi qui suis sensible, contez-moi donc

ça en détail, que je verse des larmes, en attendant la contre-danse.

ANAÏS. En détail, ça serait trop long ; mais voilà l'anecdote. Quand les parens de cette pauvre Françoise sont venus à mourir, ils étaient dans la misère. Les petits enfans furent recueillis à droite et à gauche, par des parens, des voisins : Françoise fut oubliée. Le propriétaire fit vendre les meubles pour payer les loyers, et quand la pauvre fille voulut rentrer le soir, elle ne trouva d'autre chambre que le coin de la borne ; elle y passa la nuit à grelotter et à pleurer. La patrouille vient à passer, on l'arrête comme vagabonde, on la conduit à la Préfecture. — Ses larmes, son air honnête, intéressent le chef de bureau qui l'interroge, heureusement tout de suite, car il y a là une société qui n'est pas du meilleur genre. Elle donne mon adresse, j'accours, je réponds d'elle !...

THÉODORE. Et qui est-ce qui a répondu de vous ?

ANAÏS, *fièrement*. La quittance de mon loyer, et mon livret de la Caisse d'Épargne. Dailleurs, j'avais emmené avec moi ma propriétaire, une dame très-respectable. La pauvre Françoise se jette dans mes bras, me prie de ne pas l'abandonner ; je l'emmène, et comme j'ai une chambre et un cabinet, et que je suis dans mes meubles....

THÉODORE. De noyer, mais soignés, luisans comme de la palissandre !

ANAÏS. Je lui ai mis un lit de sangle dans le cabinet : nous faisons notre petit ordinaire ensemble...

THÉODORE. Que vous faites apporter de chez le papa Fricoteau.

ANAÏS. On perd moins de temps et c'est plus économique...

THÉDORE. À cinq sous le plat, tant qu'on en veut : un rôti de moins, et un ruban de plus ; est-ce que je ne connais pas les femmes.

ANAÏS. Et depuis ce temps-là, je regarde Françoise comme une sœur : peines, plaisirs, tout est commun entre nous. Je l'ai obligée, elle est reconnaissante ; nous sommes toutes les deux jeunes, gentilles, et cependant toujours d'accord et pas jalouses l'une de l'autre : il n'y a pas beaucoup de femmes dans la grande société qui puissent en dire autant.

THÉODORE. Ah ! mamselle Anaïs, si je n'étais pas amoureux et fidèle, relativement à mamselle Françoise, je vous embrasserais pour votre belle conduite.

ANAÏS. Monsieur Théodore, j'apprécie votre enthousiasme : mais respectons les convenances !

THÉODORE. C'est véridique.... (*On entend du bruit*). Tiens,

queq' j'entends donc par là? comme qui dirait une dispute, et
mamselle Françoise au milieu. Elle aura fait queque farces!

SCENE VI.

Les mêmes, FRANÇOISE, un CAPORAL, deux soldats;
quelques personnes des deux sexes.

CHŒUR.

AIR *du Siége de Corinthe.*

Tout est fini, plus de dispute,
Soyez tranquille, caporal;
Nous en somm' quitt' pour un' culbute
Qui ne nous a pas fait grand mal.

FRANÇOISE, *montrant un individu.*

C'est lui qu'a tort,
Il est l' plus fort;
Car étant d' sous,
Il portait tous les coups.

LE CAPORAL.

Queq'ça vous regarde,
Petit' bavarde!
J' sais mon état!

FRANÇOISE, *riant,*

« Ah! quel plaisir d'être soldat! »
(*Chantez deux fois le refrain de la Dame Blanche.*)

CHŒUR.

Tout est fini, plus de dispute,
Etc., etc.

UN HOMME.
Acceptez un verre de vin, caporal.

FRANÇOISE, *chantant.*
« Connaissez-vous mon hussard de la garde?
Tra la la la.

LE CAPORAL. Dites donc, jeunesse, avez-vous bientôt fini de
m'incriminer de vos chansons?

FRANÇOISE. Mon petit caporal, vous avez tort de vous fâcher, on ne vous dit pas de sottises.

LE CAPORAL. Pourquoi chantez-vous quand je passe?

FRANÇOISE. Non, c'est vous qui passez quand je chante.

THÉODORE. Qu'est-ce qu'il y a donc?

FRANÇOISE. Rien du tout, M. Todore. Ça allait s'arranger avec queques coups de poings, quand le caporal s'en est mêlé. Je ne dis pas que le militaire a eu tort d'éviter à ces particuliers des nez cassés et des œils pochés; mais moi, qui regardais et qui riais, le caporal se fâche parce que je chante :

> « Connaissez-vous mon hussard de la garde ?
> Tra la la la.

LE CAPORAL. Mais en chantant cela , vous me regardez en face.

FRANÇOISE. Un chat regarde bien un évêque; d'ailleurs, vous êtes voltigeur, vous n'êtes pas hussard.

THÉODORE, *s'avançant.* Caporal, j'ai l'honneur de connaître mamselle Françoise, et d'en répondre. Je suis ouvrier, connu , estimé dans la sellerie; voici mon livret que j'ai sur moi, qui vous fera voir qui je suis : Théodore Baru, travaillant chez M. Gourmette, maître sellier-harnacheur.

LE CAPORAL. Ça suffit, jeune homme.

ANAÏS. Monsieur l'officier, si ça ne suffisait pas, je suis la cousine de mademoiselle, et je vous prie de croire à sa moralité , quoiqu'elle n'ait pas un costume analogue à moi.

LE CAPORAL. Ça suffit de plus, Mamselle, on voit que vous êtes une personne de comme il faut. Je me retire, mais je ne suis pas éloigné, car je loge pour vingt-quatre heures au poste de la barrière; et s'il y a du récidive, je me transporte impérieusement sur la discussion.

FRANÇOISE. Adieu, capitaine.

(Il s'en va ; Françoise lui fait par derrière des gestes de taquinerie , et quand il se retourne, elle lui fait la rérérence ; il met sa main à son shakos. Les hommes et les femmes se dispersent.

SCÈNE VII.

FRANÇOISE, ANAÏS, THÉODORE.

ANAÏS. Tu feras donc toujours des tiennes?

FRANÇOISE. Si on ne peut pas rire, à c't'heure ! Je suis venue ici tout en trottant ; mais on veut rire une miette avant de fricoter et de tricoter. Où qu'est le mal? Ça n'est pas de la politique, ça.

ANAÏS. N'en parlons plus ; mais tâche donc d'avoir de la tenue.

FRANÇOISE. Ah ben, moi, je n'ai pas de piaffe, je suis tout à la bonne flanquette.

THÉODORE. Écoutez, mamselle Françoise, vot' cousine a raison.

FRANÇOISE. Tiens, mossieu Todore, allèz-vous, me faire des sermons ?

THÉODORE. Non ; mais vous n'avez plus quinze ans.

FRANÇOISE. J'en ai dix-sept ; je ne vas pas encore mourir de vieillesse.

THÉODORE. Vous songez à votre établissement, puisque vous me permettez de vous fréquenter ; et quand on se dispose d'avoir le titre d'épouse, et par suite de mère de famille, il ne faut pas être soi-même une enfant.

FRANÇOISE. Eh ben, dites donc, si je me marie avec vous, est-ce que vous croyez que c'est pour me mettre erligieuse ? Est-ce qu'on ne rira plus, parce qu'on sera madame Todore Baru ? Si je savais ça !..

AIR : *Je suis une marinière.* (d'Amédé Bauplan.)

On dit que j' suis un' gamine,
Et je ne m'en défends pas ;
Cela se voit à ma mine,
J' ris partout où j' port' mes pas.
S'amuser a tant d'appas !
Je travaille en conscience ;
Mais quand le plaisir viendra,
Que l'on chante ou que l'on danse,
  Que l'on rie, et cætera,
  Pour dégotter c'tila,
  Qui rira, qui dans'ra,
  La gamine est toujours là !
    Tra la la, etc.   (*Elle danse.*)

Le dimanche, à la guinguette.
On peut faire un p'tit régal...
On chante une chansonnette,
Dès qu' c'est gai, ça m'est égal ;
A cela, n'y a pas de mal ;
Mais queuq'fois, quand la misère.
Pour tend' la main m'approch'ra,
J' rends service à ma manière,
Rien n' vous rend heureux comm' ça !
  Pour obliger c'tila

> Qui lui demandera...
> La gamine est toujours là !
> Tra la la , etc.
> (*Elle danse avec Théodore, qui l'embrasse.*)

ANAÏS. Mais, ma cousine, tu te fais tort et à moi aussi, dans mes sociétés ; par exemple, voilà monsieur Oscar qui va sûrement venir me prier pour danser, puisqu'il me recherche...

FRANÇOISE. Ton mossieu Roscar, c'est un façonable à trente sous par tête.

THÉODORE. Je suis sûr que c'est ce faiseur d'embarras qui était deux, qui m'a parlé tout à l'heure.

ANAÏS. C'est un jeune homme de bonnes manières et s'il te voit un mauvais genre, il est capable de m'assimiler...

FRANÇOISE. De quoi, t'assimiler ! Tu es donc ben au-dessus de moi ? Ecoute, Anaïs, je t'aime parce que tu as bon cœur, et que je t'ai des obligations. Je suis rieuse, sans souci, sans façons, mais je ne suis pas ingrate. Eh ben, si tu devais me reprocher ce que tu as fait pour moi, et avoir un air de me mépriser, j'irais plutôt me mettre servante que de rester avec toi. Et cependant servante, c'est le dernier des états pour celle qui aime sa liberté.

THÉODORE. Allons donc, mamselle Françoise, vous vous mettez des fantômes dans la tête.

FRANÇOISE, *tapant du pied.* Je veux m'amuser, moi !

THÉODORE. Et qu'est-ce qui vous en empêche ? Nous sommes gais aussi ; c'est seulement histoire de dire qu'en riant trop, on s'expose quequ'fois à des désagrémens. Moi, par exemple, il m'arrive de ne pas compter les bouteilles avant de les boire ; eh ben, on se met un petit peu casquette, on s'exalte, on fait des farces, on reçoit des atouts, on rend des calottes ; ça finit par des mauvaises cascades, v'là tout. Ce n'est pas des sermons qu'on vous fait, c'est de la morale...

FRANÇOISE, *riant.* Ah ! c'te balle !

THÉODORE. C'est ben la peine de se mettre en frais de discours.

FRANÇOISE. Coupons au court. Allez donc au comptoir commander le veau et la salade ; nous mangerons ça dans le bosquet ci-joint.

THÉODORE. J'y vas. J'ai une faim et une soif à la mécanique... de la force de trente chevaux !   (*Il sort.*)

SCENE VIII.

FRANÇOISE, ANAIS.

FRANÇOISE. Je le bourre comme ça, c'est pour lui faire le caractère ; mais il est bon garçon, ce pauvre Todore.

ANAÏS. Oui, mais c'est un homme du commun.

FRANÇOISE. Eh ben, ne suis-je-ti pas ben relevée, moi?

ANAÏS. Toi. si tu voulais, tu prendrais un autre genre. Quand une femme est jeune et gentille, elle a bientôt fait de se donner une tournure.

FRANÇOISE. Ça gêne trop. J'ai toujours eu le même caractère : quand j'étais petite et que j'allais à l'école, à la mutuelle, je faisais des cocottes avec les feuillets de mon abécédaire, et des poupées avec mon mouchoir de poche. Si la moniteuse s'endormait à côté de moi, je lui écrivais avec de l'encre des moustaches sur la figure. Une fois je me souviens que j'ai cousu ensemble les jupons de douze camarades qui étaient rangées d'une file. Quand on a sonné la cloche pour aller au jardin, din din din, elles se sont mises à courir. Crac! les douze jupons en ont fait vingt-quatre! J'aiti ri! j'aiti ri!

ANAÏS, *ironiquement*. Oui, c'était gentil! Tu les auras fait punir.

FRANÇOISE. Non c'est moi. J'en ai reçu de la maîtresse d'école, d'une drôle de manière.

AIR : *Lon lan la, laissez-les passer.*

Un', deux, trois...
Mais à tour de bras!
Quatr', cinq, six,
Un' fameus' lessive!
Sept, huit, neuf,
Tapant comme un bœuf!
Dix, onz', douze,
J'en étais tout' rouge.

ANAÏS. Et ça ne t'a pas corrigée?

FRANÇOISE. Si fait, pour le moment ; mais le lendemain, à refaire.

SCENE IX.

LES MÊMES, OSCAR, ALFRED, *le cigarre à la bouche.*

OSCAR. Les voilà ; quittons nos cigarres.

ALFRED. Au contraire, c'est plus moderne.

OSCAR, *le prenant à sa main, et abordant Anaïs.* Quel bonheur de vous rencontrer, mademoiselle Anaïs!

AIR *de Hérold.*

Votre robe légère,
D'un' charmante façon,
Dénonc' la couturière
Qui travaill' dans l' bon ton.
En voyant vot' parure,
Je me dis enchanté...
Est-c' l'art ou la nature
Qu'est caus' de tant d' beauté?

ANAïS. Vous êtes bien galant, monsieur Oscar.

OSCAR. Permettez-moi, Mademoiselle, de vous présenter mon inséparable, M. Alfred.

ALFRED. Bien flatté, Mademoiselle, de faire votre connaissance.

FRANÇOISE. Dites donc, Messieurs, c'est-y vrai que c'est la mode à c'l'heure, dans le beau monde, de fumer devant les femmes.

ALFRED. Avec une pipe, non; mais avec un cigarre, c'est du dernier actuel.

FRANÇOISE. C'est donc ça que sur les boulevards j'ai vu des *dandis* qui ne se gênaient pas en donnant le bras à des femmes bien mises.

OSCAR. C'est adopté.

FRANÇOISE. C'est cocasse; mais les femmes ne devraient pas se gêner non plus. Prêtez-moi donc un cigarre, que je voye l'effet que ça fait.

ALFRED. Volontiers.

OSCAR.

AIR : *Vaudeville des Scythes et des Amazones.*

Fumez, fumez, que rien ne vous arrête,
La français' peut fumer si ça lui plaît;
Car l'espagnol' fume sa cigarette,
La hollandais' fume à l'estaminet.
Et la suissesse auprès de son chalet.
La femm' sauvag' fume dès son enfance.
Cet usag' là n' manquait qu'à not' pays;
Et cependant, depuis long-temps en France,
Les femm's fumaient auprès de leurs maris,
      Oui, fumaient auprès de leurs maris.

FRANÇOISE, *essayant et toussant.* Oh lala! ça m'étrangle!

SCENE X.

Les mêmes, THÉODORE.

THÉODORE. La salade nous réclame, et... Ah! mon Dieu! qu'est-ce que je vois? Au feu! au feu! Comment, mamselle Françoise!

FRANÇOISE, *jetant le cigarre.* J'ai voulu essayer, mais je ne peux pas. Faut avoir le gosier comme un tuyau de poêle, pour que la fumée y passe.

OSCAR. Mademoiselle Anaïs, j'allais me permettre de vous offrir un poulet rôti.

THÉODORE. Laissez donc, monsieur Poulet, le veau est commandé.

OSCAR. Mais si ces dames...

FRANÇOISE. Ah! pardon, non; j'ai ben voulu rire un instant; mais je ne ferais pas une sottise à M. Todore.

OSCAR. Il est seul de cavalier, et vous êtes deux dames.

FRANÇOISE, *sévèrement.* Oui, mais nous le connaissons; il me fréquente, et des personnes honnêtes ne se laissent rien payer par des étrangers.

ALFRED. Quelle rigueur!

FRANÇOISE. C'est comme ça. Allons donc, Anaïs, la salade rafroidit.

ALFRED. J'espère du moins qu'à la contredanse...

FRANÇOISE. Ah! ça, c'est différent. Pour danser ensemble, on n'a pas besoin de se connaître. A revoir, Monsieur... votre nom?

ALFRED. Mon ami vous l'a dit : Alfred.

FRANÇOISE, *à part.* Il n'est tout de même pas mal, M. Alfred!

AIR : *De la semaine des amours,* 2eme acte.

ENSEMBLE.

ALFRED et OSCAR.

Allons chacun à not' banquet,
L'appétit nous invite ;
L'amour pourra venir ensuite
Se glisser dans l' bosquet.

FRANÇOISE et ANAIS.

Allons chacun à not' banquet,
L'appétit nous invite ;

L'amour pourra venir ensuite
 Nous trouver dans l' bosquet.

THÉODORE.

Allons chacun à not' banquet,
 L'appétit nous invite ;
Et si l amour peut v'nir ensuite,
 J' rendrai grâce au bosquet.

OSCAR , *bas à Alfred.*

La danse a des appas,
 Surtout après le r'pas ;
 La bell' qui n'y song' pas,
 Souvent fait un faux pas.

ENSEMBLE.

Allons chacun à not' banquet,
 Etc. , etc.

(*Chacun parle dans son bosquet, qui est ouvert du côté du public.*)

THÉODORE. Ce veau rôti a une mine superbe.

FRANÇOISE. Donnez-moi du rissolé.

OSCAR, *très haut.* Voilà un petit poulet qui est tendre !.. c'est trop délicat pour des hommes.

ALFRED, *très haut.* Oui, ça devrait être croqué par de jolies femmes.

THÉODORE, *au garçon.* Garçon, à combien le vin ?

LE GARÇON. A quinze.

ANAÏS, *le goûtant.* Il n'est pas fameux.

OSCAR, *très haut.* Garçon, donnez-nous du cachet vert, à trente

LE GARÇON. C'en est, Monsieur.

ALFRED, *buvant.* Il est excellent ce petit chablis.

FRANÇOISE, *riant.* Il n'y a pas assez de vinaigre dans la salade, nous pouvons y mettre de notre vin blanc.

AIR : *De la partie de campagne.*

OSCAR et ALFRED.

Quel repas agréable !
J'en serais enchanté,
Si, plus près de ma table .
Je voyais la beauté.

ENSEMBLE.

THÉODORE,

Quel repas agréable !
Ah ! je suis enchanté
Lorsqu'auprès de ma table
J' vois s'asseoir la beauté.

Gamine   3

OSCAR.

La cart' ne s'ra pas chère ;
Il faut, en f'sant la cour,
Songer que la bonn' chère
Nourrit un peu l'amour.

ENSEMBLE.

Songeons que la bonn' chère
Nourrit un peu l'amour.

LE GARÇON, *servant la table des femmes.* Voilà votre plat de beignets.

FRANÇOISE. Ah ! M. Todore, c'est d'la galanterie.

THÉODORE, *surpris.* Je ne les avais pas commandés.

OSCAR, *criant.* Garçon, nos beignets, donc !

LE GARÇON, *les reprenant.* Ah ! excusez ; je m'avais trompé de table. Voyant des dames...

(*Il les reprend. Voyant que Françoise en tient un dans lequel elle a mordu, il le lui ôte et le met sur l'assiette qu'il porte à la table d'Oscar et d'Alfred.*)

ANAÏS, *boudant.* C'est agréable.

THÉODORE. Si vous en voulez, Mamselle, je vas en commander... Garçon, des beignets.

LE GARÇON. N'y en a plus. Voulez-vous du fromage ?

ANAÏS, *se levant avec humeur.* Non, je n'ai plus faim.

FRANÇOISE, *gaîment.* Ni moi non plus.

OSCAR, *se levant.* Mesdames, si l'on osait vous les offrir...

FRANÇOISE. Merci, Mossieu ; chacun son écot, le vin n'est pas cher.

THÉODORE, *à Oscar.* Mêlez-vous donc de vos affaires.

ALFRED. Ils sont au sucre.

FRANÇOISE. Je ne suis pas sucrée.

ANAÏS, *à part.* Le dîner de M. Oscar était plus délicat que le nôtre.   (*On entend l'appel de la contredanse.*)

FRANÇOISE. Ah ! v'là les crincrins ; c'est mon dessert, à moi !

SCENE XI.

LES MÊMES ; HOMMES, FEMMES, MUSICIENS.

LE GARÇON, *criant.* En place pour la contredanse.

(*Tous les danseurs sortent des bosquets.*)

OSCAR, *à Anaïs*. Après la danse, vous accepterez bien le café
et la liqueur... le parfait amour?

ANAÏS. Merci, M. Oscar.

ALFRED, *à Françoise*. Voulez-vous me faire l'honneur de la
danser avec moi?

FRANÇOISE. Je ne peux pas, Todore m'a retenue.

ALFRED. Au moins je danserai vis-à-vis de vous.

(Il lui serre la main.)

*(La contredanse commence, et, après quelques figures, on fait en
avant-deux.)*

ALFRED, *vis-à-vis de Françoise*. On ne peut donc jamais vous
parler! Comment vous fixer? (*Lui montrant un billet.*) Prenez du
moins ce poulet.

FRANÇOISE. Je ne sais pas lire l'écriture.

ALFRED. Prenez toujours.

(Il le met dans la poche de son tablier.)

FRANÇOISE, *le jetant*. Je n'en veux pas.

THÉODORE. Tiens, Françoise, un papier qui tombe de votre
poche. *(Il le ramasse.)*

ALFRED, *vivement*. Rendez-moi ça.

THÉODORE. Vous le rendre! c'est donc vous?..

LE GARÇON, *criant*. Vous vous trompez de figure.

THÉODORE, *au milieu de la contredanse*. Je m'en moque pas mal
de ta figure! je vas lui faire danser le galop, à ce galopin-là.

TOUS. Vous embrouillez la contredanse.

FRANÇOISE, *le retenant*. Allons, Todore, pas de bêtises.

THÉODORE. Il faut qu'il la danse, M. Sautriot, avec ses beignets et ses poulets!

ALFRED. Je ne te crains pas. Sortons.

OSCAR. C'est un drôle!

THÉODORE. Drôle vous-même. Vous êtes donc deux!

*(Il saisit un tabouret et veut frapper. Le garçon court chercher
la garde.)*

CHOEUR,

AIR *de la Fiancée.*

Allons, jeune homme, prenez garde!
Il faut arrêter ce transport;
Nous allons crier à la garde,
Et vous serez dans votre tort.

LES FEMMES. A la garde! à la garde! *(Tumulte.*

SCÈNE XII.

LES MÊMES, LE **CAPORAL**, LA PATROUILLE.

LE CAPORAL. Qu'est-ce qu'il y a z-encore?

LE GARÇON. Un homme qui dérange le bal et qui embrouille les autres à coups de tabouret.

TOUS, *montrant Théodore.* C'est lui! c'est lui!

LE CAPORAL. Marchons au corps-de-garde.

THÉODORE. Caporal, je vais vous expliquer...

LE CAPORAL. Vous vous expliquerez à l'officier du poste.

FRANÇOISE. L'arrêter! arrêter Todore!.. caporal, je réponds de lui.

LE CAPORAL. Ah! je vous reconnais : tantôt c'était lui qui répondait de vous.

THÉODORE. Mais je ne suis pas dans mon tort ; c'est ce barbe de bouc qui se permet d'invectiver ma société de beignets et d'un poulet.

LE CAPORAL. Des beignets n'est pas une invective. Marchons, et pas de charge!

FRANÇOISE. De quoi? au pas de charge!

LE CAPORAL. Je veux dire, pas de bamboches. En avant! pas accéléré, par file à gauche.

FRANÇOISE, *poussant Théodore.* File à droite.

LE CAPORAL. Jeunesse, vous allez vous faire arrêter aussi.

FRANÇOISE, *s'animant.* Eh bien, tant mieux! Todore n'est pas fautive ; je veux aller avec lui, l'accompagner dans son malheur, parler à l'officier du poste.

THÉODORE. Ah! Françoise, vous êtes un ange!

LE CAPORAL. Je respecte votre sensibilité ; mais il faut qu'il marche.

FRANÇOISE. Eh bien, je le suivrai partout, à la Préfecture et aux enfers.

CHOEUR.

AIR *de la Fiancée.* (Entendez-vous?

LE CAPORAL.

je vous arrête ,
Mon petit amour,
Et sans tambour
Et sans trompette.

Ne r'gimbons pas,
J'ai l'arme au bras;
Point de fracas,
Marchons au pas.

FRANÇOISE.

C'est moi qu'est caus' de c'te chienn' d'aventure;
Pour toi, Todor', ça doubl' mon affection !
Je braverai l'enfer, la Préfecture;
Oui, près de toi, j' veux périr au violon.

TOUS.

On les arrête
Malgré l'amour,
Et sans tambour
Et sans trompette !
Quand l' caporal a l'arme au bras,
Il faut qu' tout le monde marche au pas.

(La patrouille défile, emmenant Théodore, que Françoise suit en pleurant,
son mouchoir à la main. — Tableau.)

FIN DU PREMIER ACTE.

Acte deuxième.

La petite chambre d'Anaïs, quelques meubles. Des robes accrochées au
porte-manteau. A droite de l'acteur, la porte du cabinet de Françoise
et celle du cabinet d'Anaïs. Au fond, porte d'entrée. Fenêtre à gauche.

SCENE PREMIERE.

ANAIS, *seule, assise.*

Je n'ai plus de cœur à travailler; je ne pense plus qu'à Oscar. Il m'aime; oh! oui, il m'aime véritablement... et moi...
c'est le seul homme qui m'ait jamais produit un effet pareil. Je
le suivrais à l'autre bout de la terre. Il dit qu'il est mon Oscar,
qu'il ne respire que pour moi; et il le dit avec un accent de vé-

rité!.. Quelles phrases brûlantes! quel langage!.. absolument la même chose que je lis tous les jours dans ces livres qu'il m'a prêtés! Je voudrais toujours l'entendre. Aussi, quand il n'est pas là, je relis ces ouvrages, et je crois que c'est lui qui me parle. (*Elle prend un livre et lit.*)

« Salut à toi, ô femme incomprise! Je suis fasciné par tes
» yeux phosphorescens, par tes regards rutilans! Ta tête méri-
» terait d'être sculptée dans des métopes; elle me méduse avec
» ses beaux cheveux en spirale. Va, fleur d'automne, accom-
» plis ton rêve flavescent! car ta chambre est un rêve d'amour;
» et là tu seras la femme victime, la femme brisée, sous la
» main de fer de la destinée fatale. » Que c'est joli! A peine si ça se comprend!

SCÈNE II.

ANAÏS. FRANÇOISE.

FRANÇOISE. Eh ben, Anaïs, toujours dans tes lectures! le tra-vail pâtit, les pratiques ne sont pas contentes; elles te retireront leur confiance...

ANAÏS. Les pratiques? je ne suis pas à leurs ordres.

FRANÇOISE. Mais les fonds baissent! les bureaux de prêt com-mencent à recevoir tes visites; et après les bijoux et les effets, ça sera les meubles qui déménageront.

ANAÏS, *sèchement.* Je suis chez moi; j'ai le droit de faire ce qui me plaît.

FRANÇOISE. Ah! mon dieu, c'est vrai; pardon, mamselle Anaïs, si je vous ai offensée : c'est par amitié que je vous ai fait c't'observation. Je ne suis pas votre mère; mais, comme vous n'en avez pas, j'ai cru que, par reconnaissance de ce que vous avez fait pour moi, je pouvais vous donner un petit conseil en passant.

ANAÏS. Vous êtes donc devenue bien raisonnable?

FRANÇOISE, *gaîment.* Non, du tout. Je suis toujours une folle, une mauvaise tête, une gamine. Je dis des farces et j'en fais; mais on peut manquer d'usage et avoir bon cœur.

ANAÏS. C'est vrai. Je sais que tu l'as. Pardon.

(*Elle lui tend la main.*)

FRANÇOISE, *amicalement.* Si je te gêne, je m'en irai; mais quand tu seras seule, prends garde à toi. Ton M. Roscar te fera faire des bêtises!

ANAÏS. Pourquoi m'en ferait-il faire, plutôt que ton Théodore, à toi?

FRANÇOISE. Ah! voilà justement la chose. C'est que mon Todore, à moi, est un brave *garçon*, qui a des idées d'honnêteté.
Pauvre Todore, qui s'est fait mener au corps-de-garde pour mes
beaux yeux! On l'a relâché de suite quand on a su de quoi qu'il
s'agissait.

ANAÏS. Il a insulté deux jeunes gens de bon ton-

FRANÇOISE. Il n'a pas bon ton, lui, il est comme moi ; mais il
ne veut pas me tromper. « Tiens, Anaïs, rappelle-toi la chanson
» que l'on chantait hier soir sur l'orgue de Barbarie; je l'ai achetée
» deux sous, et je la sais par cœur. Je vas te la chanter.

» ANAÏS. Quelle chanson ?

» FRANÇOISE. Il semble qu'elle soit faite exprès. Je ne sais pas si
» elle est de mossieu Béranger ou d'un autre; mais la v'là toujours.
» Écoute.

AIR : *Si l'Etranger.* (de Mme Duchambge.)

A l'âge heureux qui donne l espérance,
Dans l'avenir se trouve le bonheur.
Pensons-y bien, quand le printemps s'avance,
Bientôt l'été viendra flétrir la fleur.
En tardant trop, la jeunesse qui brille,
De son éclat verra passer les jours.
    Quel malheur ! (*bis.*)
    Si l'on restait fille (*bis.*)
    Toujours... toujours !

Puisqu'un amant me trouve assez jolie,
Que mon amour pour lui vaut un trésor,
Dès aujourd'hui je veux qu'on me marie,
Puisque demain je n'aurai pas plus d'or.
Pour m'enrichir, une jeune famille
Auprès de nous grandira tous les jours.
    Quel bonheur ! (*bis.*)
    N'faut pas rester fille (*bis.*)
    Toujours... toujours ! (*)

» ANAÏS. Eh qu'est-ce que cela veut dire ?

FRANÇOISE. Ton mossieu Roscar te parle de t'épouser, mais
sa famille s'y opposera.

ANAÏS. Il me l'a dit ; mais aussi il m'a juré que, dès qu'il serait
son maître, il n'aurait alors pas d'autre épouse que moi.

FRANÇOISE. Crois ça et bois de l'eau. C'est aussi ce que me disait son ami M. Alfred.

(*) Les lignes guillemettées et les couplets peuvent se passer à la représ-
sentation.

Anaïs. Et tu lui préfères un ouvrier... Tu as des goûts bien canailles!

Françoise, *surprise, et avec vivacité.* Ah! v'là un mot un peu dur, par exemple! Todore n'est pas plus canaille que moi. Il gagne sa vie comme je gagne la mienne. La canaille, ce sont les gens qui ont des écus et pas d'honneur; ceux qui en gagnent par des moyens vils, ceux qui font des dettes et qui ne les payent pas. Mais celui qui travaille honnêtement, qui paye la veste qu'il a sur le dos, la mansarde qu'il habite, et le pain qu'il mouille de sa sueur, il est pauvre, il est gueux; mais il est fier, et il ne se changerait pas pour des gens ben huppés et ben brillans qui font de l'embarras, et qui sont dans le fond la véritable canaille!

Anaïs. Françoise, je n'ai pas voulu t'insulter; ce mot m'est échappé!

Françoise. Ecoute, Anaïs, j'aimerais mieux te voir comme moi, le madras sur la tête, et gaminer quand l'occasion se présente, que de te voir faire la demoiselle, porter des chapeaux comme une duchesse, et des gigots comme une banquetière. Ça te mènera plus loin que tu ne voudras.

Anaïs. Il faudrait que je sois mise comme toi, n'est-ce pas?

Françoise. Ça ne t'irait pas mal. Tiens, c'est comme tes lectures qui te gâtent l'esprit et la figure. Je te surprends souvent avec les yeux rouges. Eh ben, vois-tu, les larmes et le sentiment font faire plus de sottises que la gaieté. Une femme qui rit toujours, on ne sait par où la prendre.

Anaïs, *avec humeur.* C'est bon... ça suffit. Il faut que je sorte; j'ai de l'ouvrage à reporter.

Françoise. Moi, je suis lasse; je vas me reposer un p'tit brin.

(Elle s'assied.)

Anaïs. Si tu sors, j'emporte ma clé pour rentrer.

SCENE III.

FRANÇOISE, *seule.*

Elle a de l'humeur, elle est vexée contre moi; çà m'est égal. Son Roscar est un engeoleux, et pas autre chose. Il l'épousera, ou il déguerpira ..ou j'y perdrai mon nom de Françoise.

Air . Vaudeville de Fanchon.

On dit que j'suis farçeuse;
Mais j'ai l'âm' généreuse,

L' ton plaisant,
L' cœur reconnaissant.
Sans me gêner , j' peux rire,
En obligeant qui m'obligea ;
J' crois qu'on n'a rien à dire,
Quand on s'amuse comm' ça.

(*On frappe à la porte.*)

SCENE IV.

FRANÇOISE, OSCAR.

FRANÇOISE. Tiens, qui est-ce qui frappe ? — Entrez.

OSCAR. C'est moi, Mademoiselle, qui... Ah! pardon, je croyais que mademoiselle Anaïs était là.

FRANÇOISE. Pas pour le quart-d'heure : mais s'il y a quequ' chose pour votre service...

OSCAR. Je vous remercie.

FRANÇOISE. Parlez, mossieu Roscar.

AIR : *N'y a que Paris.*

V'nez-vous emprunter queq'objet ?
Faut-il allumer vot' chandelle ?
Vous prêter un' brosse, un briquet ?
Ou faire un point à vot' bretelle ?
Un voisin s' trouv' dans l'embarras...
On n' le r'fus' pas ! (*bis.*)

OSCAR, *embarrassé.* Non, mais c'est que...

FRANÇOISE.

Si c'est des objets , entre nous,
Qui puiss' tirer à conséquence ;
S'il s'agit de queq' billet doux,
D'un rendez-vous, d'une imprudence ,
Ou d' queq' chos' qui se d'mand' tout bas,
On n' le donn' pas.

OSCAR. Vous êtes sévère , mademoiselle Françoise.

FRANÇOISE. Moi, sévère ! oui et non, selon l'occasion.

OSCAR. Je sais que vous cherchez à me perdre dans l'esprit de mademoiselle Anaïs.

Gamine.   4

FRANÇOISE. Du tout : mais je veux l'empêcher d'être vot'dupe.

OSCAR. Vous supposez que je veux la tromper?

FRANÇOISE. Je ne le suppose pas, j'en suis sûre.

OSCAR. Pourquoi donc avez-vous cette crainte ?

FRANÇOISE. Oh! je ne le crains pas, car je l'empêcherai.

OSCAR. C'est un peu fort!

FRANÇOISE. C'est comme ça.

OSCAR. Voilà un drôle de Mentor, pour mademoiselle Anaïs, qu'une fille de votre genre.

FRANÇOISE. Mon genre vaut bien le vôtre, cher ami.

OSCAR. C'est possible : mais je vous prierai de vous mêler de ce qui vous regarde.

FRANÇOISE. Tiens! c'te farce! comme si ce qui regarde mon amie ne me regardait pas.

OSCAR. Elle ne contrarie pas vos amours; pourquoi contrarier les siennes ?

FRANÇOISE. C'est que j'ai un amoureux qui ne vous ressemble pas.

OSCAR. Heureusement pour moi.

FRANÇOISE. Heureusement pour lui.

OSCAR. Comment?

FRANÇOISE. Parce qu'il n'a pas vos belles manières ; mais il a de bons sentimens. Vous voulez entraîner c'te pauvre Anaïs je ne sais où. Il veut me mener à la mairie, lui ; et aujourd'hui même, nous devons aller chez un notaire signer des papiers comme par lequel Françoise Caloquet aura le titre honorable de madame Todore Baru, et elle sera femme mariée, estimable dans son quartier. Elle n'a pas le sou, cependant, et Todore n'a que son travail; mais nous aurons l'estime d'un chacun, et c'est une fortune qui en vaut ben une autre ! Allez, mon garçon, v'là vot' paquet, ah ! hai !

OSCAR, *riant*. C'est de la morale la plus sublime.

FRANÇOISE. Morale ou non, tant que je serai là, je n'en prêcherai pas d'autre à Anaïs.

OSCAR. Et vous croyez me nuire auprès d'elle ?

FRANÇOISE. Tant que je pourrai.

OSCAR. Je vous en défie.

FRANÇOISE. Ça y est ! Et d'abord, faites-moi le plaisir de sortir d'ici, parce que j'ai affaire dehors.

OSCAR. C'est juste... et poli. Vous me mettez à la porte.

FRANÇOISE. Comme vous dites, et je ne prends pas de mitaines pour ça.

OSCAR, *à part*. Si je pouvais me cacher !

FRANÇOISE. Les femmes sont ostinées, voyez-vous ; quand elles veulent faire bien ou mal, le diable ne les en empêcherait pas.

OSCAR. Et je ne suis pas le diable! (*Bas.*) Derrière ces robes! (*Haut.*) Allons, je vous obéis. Votre serviteur, mademoiselle Françoise. (*Il a l'air de se retirer.*)

FRANÇOISE. Votre servante, mossieu Roscar. Pardon si je ne vous reconduis pas! (*Elle reste sur le devant de la scène.*) Il bisque joliment, le séducteur; mais ça m'est égal, il ne mettra toujours pas les pieds ici tant que j'y serai.

OSCAR, *avançant doucement.* Elle va sortir, et elle enfermera le loup dans la bergerie.

(*Il se cache derrière les robes qui sont accrochées au porte-manteau.*)

FRANÇOISE. Ah! je serai plus habile que lui. Ce Mossieu me met au défi, moi, Françoise, une maligne de la place Maubert! (*Elle rit.*)

OSCAR, *à part, riant.* Et moi, un malin de la grande Chaumière!

FRANÇOISE. Ne le perdons pas de vue.

OSCAR, *à part.* Cachons-nous bien.

FRANÇOISE. Je suis tranquille pour ce soir; mais j'ai bien envie de ne pas sortir, de peur qu'il revienne.

OSCAR, *à part.* Alors, me voilà pas mal!

SCÈNE V.

LES MÊMES, THÉODORE.

THÉODORE. Bonjour, ma future!

FRANÇOISE. Tiens, vous l'là, Todore?

THÉODORE. Oui, Françoise, je devais vous prendre pour aller chez mossieu Moreau, le notaire; mais il ne peut pas nous recevoir, parce qu'il a affaire pour un testament d'un homme qui est pressé.

FRANÇOISE. Pressé de mourir?

THÉODORE. Dame, c'est possible. Alors, j'ai pensé à vous présenter ce soir à ma famille. Je suis invité à souper chez ma tante Mérotte avec ma cousine Pampin, la fripière de la place aux Veaux, mon oncle Baru, le marchand d'allumettes phosphoriques, et mon cousin Guimauve, l'harboliste, tous gens établis, tout' personn' honorables de l'un et l'autre sexes, j'ai dit: Ça sera presque une assemblée de famille, je veux leux faire voir que mes amours sont dignes d'eux et de moi.

FRANÇOISE. Vous êtes bien honnête, mossieu Todore, mais je n'aurai pas le temps de faire une toilette, (*à part.*) avec ça que je n'ai à mettre que ce que je porte sur moi.

THÉODORE. Laissez donc, c'est des gens pas fiers et rieurs : on boira un peu de vin blanc ; ma tante Mérotte est champenoise, vous chantez comme un rossignol, vous leur direz des chansons au dessert ; ça les rendra folles de vous, ces braves gens.

FRANÇOISE. Mon dieu, je ne voudrais pas vous refuser ; mais puisque le notaire ne peut pas nous recevoir, j'aimerais autant ne pas sortir.

THÉODORE. Pourquoi donc ?

FRANÇOISE. Parce que.. , (*A*)*part*. Dois-je lui dire ?..

THÉODORE. Parce que n'est pas une raison.

FRANÇOISE. Est-ce qu'on est obligée de vous dire tout ?

THÉODORE. Dame ! s'il n'y a pas de mal.

FRANÇOISE. Et s'il y en avait !

THÉODORE. Ça ne serait pas mon affaire. Minute !

FRANÇOISE. Est-ce que vous seriez susceptible de croire des choses ?...

THÉODORE. Je ne dis pas ça : mais enfin, si vous ne voulez pas sortir, il faut que vous aviez des raisons.

FRANÇOISE. Eh ben, j'en ai p'têtre.

THÉODORE. C'est gentil !

FRANÇOISE. Est-il drôle, donc ! ah ! vous êtes jaloux !

THÉODORE. Pourquoi pas !

OSCAR, *caché*. Bon ! quelle idée !

FRANÇOISE, *noblement*. Quand on estime une personne, on ne doit pas la soupçonner.

THÉODORE, *de même*. Quand une personne n'a rien à cacher, elle ne doit pas faire des mystères.

OSCAR, *caché*. Voilà mon affaire.   (*Il eternue très fort.*)

THÉODORE. Hein ? qu'est-ce que j'ai entendu ?

(*Oscar éternue encore.*)

THÉODORE. On a éternué.

FRANÇOISE. C'est quéqu'un qu'est enrhumé.

THÉODORE. Oui, mais qu'est enrhumé ici !

FRANÇOISE. Vous croyez ?

THÉODORE, *cherchant*. Ça m'en a bien l'air. Dites donc, v'là une robe de mérinos qui a des jambes.

FRANÇOISE. Vous voulez dire des bras ?

THÉODORE. Non, non. Regardez donc ! une paire de bottes !

FRANÇOISE, *surprise*. Ah !

THÉODORE. Françoise !... Hum !...

OSCAR, *se montrant*. Ne cherchez pas davantage, M. Théodore ; c'est moi qui étais là.

THÉODORE. Pour Françoise ?

OSCAR. Je suis forcé de l'avouer.

FRANÇOISE. Par exemple!

OSCAR. Puisque nous sommes surpris, pourquoi feindre?

FRANÇOISE. Mais!

OSCAR. Vous êtes libre, Mademoiselle, et vous pouvez dire à M. Théodore lequel de nous deux vous préférez.

THÉODORE, *furieux.* Elle n'a pas besoin de le dire, ça se voit que de reste! Ah! Françoise, vous me trompiez! vous en aimiez deux à la fois, ou plutôt vous n'en aimiez qu'un seul.

FRANÇOISE. Mais, oui...

THÉODORE. Et vous en convenez! Allez, vous êtes une trompeuse, une menteuse, une... je ne sais qui... Je m'en vas, je ne vous reverrai jamais de ma vie, ni de mes jours! Adieu... ou plutôt au diable!.. Et vous, mon joli cadet, nous nous revoirons!.. oui!.. nous nous revoirons... Si je m'attendais à celle-là, par exemple!.. Nous nous revoirons, dandy.

(*Il sort furieux.*)

FRANÇOISE. Est-ce qu'il est fou! il n'entend rien. Ça ne se passera pas comme ça. Je ne veux pas qu'il me croye ce que je ne suis pas. Et vous, mossieu Roscar, vous me la payerez; mais avant tout, faut que je le détrompe, que je courre après lui.

OSCAR. Courir après un homme, quand mon ami Alfred...

FRANÇOISE. Laissez-moi donc la paix, avec vot' Alfred. Quant à Théodore, je sais ben que ce n'est pas la mode que les femmes fassent les démarches; mais ici, c'est différent : on l'a trompé. Faut que je m'explique, et plus vite que ça. Si j'avais le temps, je vous arracherais les quinquets, à vous! mais vous ne perdrez rien pour attendre... Ah! mon pauvre Todore, es-tu bête de croire des choses pareilles! Courons cheux sa tante Mérolle. (*Elle crie.*) Todore! Todore!...

(*Elle sort en courant.*)

SCENE VI.

OSCAR, *riant.*

La voilà partie. Je suis un rusé scélérat! elle me laisse le champ libre, et je vais en profiter pour emporter d'assaut ma sentimentale conquête.

AIR : *Avez-vous vu dans Barcelonne?*

Ah! pour séduire une grisette,
Que nous faut-il? heureux amans!

Une légère chansonnette
Ou quelques soupirs de poète.
Ou quelques pages de romans ;
   Mais si la belle
   Est trop rebelle,
Pour la servir selon son goût,
On feint de se battre pour elle,
Ou de se brûler la cervelle,
Et l'on n' se brûle rien du tout.

SCÈNE VII.

OSCAR, ANAIS.

ANAÏS, *entrant avec sa lumière qu'elle pose sur une table.* Ciel ! vous ici, M. Oscar !

OSCAR. Et je vous attendais avec une impatience !..

ANAÏS. Comment êtes-vous entré ?

OSCAR. Mademoiselle Françoise est sortie avec M. Théodore, et m'a prié de garder la maison.

ANAÏS, *surprise.* M. Oscar, je ne dois pas recevoir un homme dans ma chambre à l'heure qu'il est..

OSCAR. Un homme qui vous aime.

ANAÏS. Mais c'est pour cela qu'il y a du danger.

OSCAR. Que craignez-vous ? que crains-tu, Anaïs ?

DUO.

De la Lettre-de-change.

OSCAR.

Faut-il jurer encore
Qu'à jamais je t'adore ?
Que je n'aime que toi ?
Ah ! crois donc à ma foi !

ANAÏS.

Il me répète encore
Qu'à jamais il m'adore,
Et qu'il n'aime que moi !
Dois-je croire à sa foi ?

OSCAR.

Oui, sois ma douce amie :

A toi, toute ma vie.
De rester ton amant
N'ai-je pas fait serment ?

ANAÏS.

Pour être ton amie,
Je donnerais ma vie.

OSCAR.

Par pitié, vite, redis-moi :
Oscar, je n'aimerai que toi.

ANAÏS.

Oscar, je t'ai donné ma foi.

OSCAR.

Suivrez-vous celui qui vous aime ? (bis.)

ANAÏS.

Quelle frayeur extrême ! (bis.)

OSCAR.

Ah ! réponds-moi, de grâce !

ANAÏS.

Laissez-moi, Monsieur, laissez-moi.

OSCAR.

Il faut que je t'embrasse.

ANAÏS, refusant.

Laissez-moi, Monsieur, laissez-moi.

OSCAR.

Ah ! sois à moi ! (bis.)

ANAÏS.

Laissez-moi, Monsieur, laissez-moi.
Je meurs d'effroi !

OSCAR. Soyez tranquille, Anaïs, je vous respecte ; mais nous
ne pouvons jamais parler de notre amour. Il y a toujours près
de nous un témoin indiscret, une personne jalouse qui voit
avec peine que je vous aime, parce qu'elle a jeté les yeux sur
moi ; mais je la dédaigne, je rejette sa tendresse.

ANAÏS. Se pourrait-il ?

OSCAR. Vous ne l'aviez pas remarqué.

ANAÏS. Voilà donc la cause de ses sermons continuels.

OSCAR. Encore aujourd'hui, quand je suis venu pour vous

voir, je l'ai rencontrée ; et si elle m'a laissé seul, c'est que je lui ai fait voir la fausseté de sa conduite.

ANAÏS. J'aurais dû m'en douter.

OSCAR. Elle va revenir, ne lui parlez de rien, Anaïs ; mais j'ai mille choses à vous dire, des choses de la dernière importance... Promettez-moi qu'à minuit, quand elle sera endormie, vous viendrez... Il n'y a que le carré à traverser, ma porte sera ouverte.

ANAÏS. Moi? promettre cela !

OSCAR. Promettez-le-moi. Un quart-d'heure après minuit, si je ne vous vois pas, je me brûle la cervelle à votre porte.

(*Il lui montre un pistolet.*)

ANAÏS, *effrayée.* Oscar !

OSCAR. O Anaïs, qu'est-ce que la vie sans l'amour, qu'est-ce que l'amour sans la vie ! c'est un désert où l'âme s'égare, un torrent où elle se noie ! Mais si tu concevais les delires de cette vie intime qui confond les existences et les change en un volcan, au cratère incandescent ; si tu savourais la douce amertume de cette ambroisie mêlée de fiel qui élève la créature humaine jusqu'à la gloire de l'ange déchu, nous déficrions toutes les légions de l'enfer de nous enlever une félicité qui nous précipiterait dans les abîmes inconnus d'une Méditerranée de délices !..

ANAÏS. Que résoudre !..

OSCAR. Le sort en est jeté ! ma vie dépend de vous. (*à part.*) Elle viendra. (*haut.*) J'entends du bruit dans l'escalier, on monte... Adieu!.. ou plutôt à minuit.

(*Il sort précipitamment.*)

SCENE VIII.

ANAIS, *seule*

O mon dieu!.. Je n'ai pas promis ; mais s'il se tuait... (*Elle tombe sur une chaise.*) Que faire ? que faire ?

SCENE IX.

ANAIS, FRANÇOISE.

FRANÇOISE, *avec une lumière, tout essoufflée, et s'asseyant sur une chaise de l'autre côté du théâtre.* Ah ! sarpédié; je suis d'une colère !..

AIR *du Hussard de Felsheim.*

Y a-ti rien de vexant comme
D' crier quand on n'écoute pas,
Et d' courir après un homme
Qui vous fait perdre vos pas.,.
Qu'a la bêtise de croire
Qu'une femm' trompe son amant ,
Et qui donn' dans un' histoire
Plutôt que dans l' sentiment!
    Nom d'un chien !   (*bis.*)
Si j' l'attrappe, il n' risque rien.
   Nom d'un chien !   (*bis.*)
Si je l' tiens, je l' tiendrai bien !

(*Sur la ritournelle , elle indique qu'elle lui donnera des giffles.*)

ANAÏS. Qu'avez-vous donc, Françoise?

FRANÇOISE. J'ai que mossieu Roscar m'a joué d'un tour!..

ANAÏS, *à part.* C'est donc vrai!

FRANÇOISE. Mais, c'est bon. Je le repincerai.

ANAÏS. C'est ce que nous verrons.

FRANÇOISE. Ah! tu le verras.

ANAÏS, *à part.* Elle est joliment effrontée.

FRANÇOISE. Il est tard ce soir ; mais demain il fera jour.

ANAÏS, *à part.* Demain ! — Oh ! j'ai envie de lui dire que je sais tout.

FRANÇOISE. Et ce bêta de Todore !

ANAÏS, *à part.* Je ne l'aurais pas crue capable de tromper ce pauvre garçon !

FRANÇOISE, *se retenant.* Voyons, voyons, la nuit porte conseil. Couchons-nous.

ANAÏS. Reposez-vous, Françoise, j'ai de l'ouvrage ; je vais veiller.

FRANÇOISE. Oui, veiller ! pour passer encore la nuit à lire des mauvaises bêtises de romans.

ANAÏS. Non, je ne lirai pas

FRANÇOISE. Tu dis ça tous les soirs ; et, quand je me réveille, je te vois auprès de la lampe.

ANAÏS, *à part.* Ne lui donnons pas de soupçons. (*Haut.*) Eh bien ! oui, tu as raison, couchons-nous.

FRANÇOISE. Bonne nuit ; je vais dans mon cabinet.

          (*Elle lui tend la main.*)

Anaïs, *hésitant.* Bonne nuit.

Françoise, *à part.* Comme elle est émue! (*Haut.*) Je vais fermer le double tour, et mettre le verrou. (*Elle les ferme.*)

Anaïs. J'aurais fermé moi-même. Pourquoi prendre cette peine?

Françoise. C'est toujours autant de fait. Bonsoir, Anaïs .(*Elle rentre dans son cabinet avec sa lumière.*) Bonsoir...

SCENE X.

ANAIS, *seule.*

Dormir! je ne le peux pas... je suis trop agitée, trop émue. Elle ne se doute de rien, et moi je tremble... Mais il se tuerait; il l'a dit. (*Elle va écouter à la porte de Françoise.*) Je n'entends pas de bruit. Est-ce que déjà...

AIR *de Fra Diavolo.*

Je prête en vain l'oreille.
Je crois qu'elle sommeille;
Et moi seule je veille.
Dois-je sortir, hélas!
Déjà pourquoi ne puis-je pas
Auprès d'Oscar porter mes pas!
Mais il me faut, hélas!
Attendre et parler bien bas...
Si Françoise s'éveille,
Pour moi quel embarras!
Ah!
Mais il m'attend, hélas!
Dois-je y porter mes pas?

(*Elle marche tout doucement vers la porte.*)

Françoise, *dans son cabinet.* Anaïs!.. dors-tu?

Anaïs, *s'arrêtant.* Dieu!.. (*Elle souffle sa lumière.*) (*Haut.*) Tu m'as réveillée.

Françoise, *dans son cabinet.* J'en suis fâchée. Mais figure-toi que je me suis éveillée en sursaut; j'ai cru entendre marcher. Je rêvais sans doute.

Anaïs. Rendors-toi.

Françoise, *dans son cabinet.* Je ne sais pourquoi j'ai des inquiétudes!

Anaïs. Bonsoir.

FRANÇOISE, *de même.* Bonsoir.

ANAÏS *va encore écouter à sa porte.* — *Musique sourde.* — *La croyant endormie, elle va tout en tâtonnant jusqu'à la porte du carré.* Je n'y tiens plus; il faut absolument que j'aille écouter sur le carré. Tâchons de tirer le verrou sans faire de bruit... Bien... Il s'agit de tourner la clé... deux tours.

(*Elle essaie. Tout-à-coup Françoise ouvre la porte de son cabinet et paraît à demi-vêtue.*)

SCENE X.

ANAIS, FRANÇOISE.

FRANÇOISE *à moitié déshabillée, avec sa lumière qu'elle cache d'une main, va, à pas de loup, du côté d'Anaïs, qui ne l'aperçoit pas; elle dit tout bas :* Cette fois je ne me trompe pas. (*Haut, et saisissant le bras d'Anaïs*). Qu'est-ce que tu fais là ?

ANAÏS, *jetant un cri.* Ah ! vous m'avez fait peur.

FRANÇOISE. Est-ce qu'il est l'heure de sortir ?

ANAÏS, *embarrassée.* Mais, non... je ne sortais pas ! Je voulais...

FRANÇOISE. Quoi donc ?

ANAÏS. M'assurer si la porte était bien fermée.

FRANÇOISE. J'avais mis le verrou. Pourquoi cherches-tu à me tromper ? c'est mal. Tu me caches queq' chose.

ANAÏS. Oh! non.

FRANÇOISE. Anaïs, tu as un secret; je le connais, je le devine. — C'est donc pour cela qu'il s'était caché ici; qu'il a cherché à me brouiller avec Théodore. Il t'a vue, il t'a parlé; tu lui as fait queq' promesse... qu'il ne faut pas tenir. — Anaïs, cet homme-là veut ta perte.

ANAÏS. Tu sais tout. dis-tu; mais je suis instruite aussi. Tu es jalouse de moi; tu es ma rivale.

FRANÇOISE. Moi! ah! dieu de dieu! quelle abomination de menterie! Je te dis que cet homme-là est un Lucifer.

ANAÏS. Eh bien! si tu ne l'aimes pas, que t'importe qu'il m'aime! Tu ne sais pas à quel point va sa passion. Tu ne sais pas que, si je n'y vais pas, il a menacé de se tuer.

FRANÇOISE. Il ne se tuera pas! pas si bête.

ANAÏS. J'ai vu son pistolet.

FRANÇOISE. Laisse donc; il le montre comme ça pour faire peur. C'est des giries.

ANAÏS. Mais, Françoise, vous n'avez pas de droits sur moi

FRANÇOISE. J'ai ceux de l'amitié, de la raison. Tu es folle dans ce moment-ci : j'ai pitié de toi. Allons, Anaïs, rentre dans ta chambre; demain tu me remercieras. (*Elle veut l'entraîner*). Viens, Anaïs.

ANAÏS, *se débattant.* Laissez-moi, laissez-moi; vous me faites mal. Vous êtes brutale !

FRANÇOISE , *se mettant entre elle et la porte.* Tu te perds pour la vie.

ANAÏS. Que m'importe !

FRANÇOISE. Il y va de tout ton avenir.

ANAÏS. Que me fait l'avenir.

FRANÇOISE. Ah! j'ai de la tête. J'empêcherai ton malheur malgré toi.   (*Elle ôte la clé de la porte.*)

ANAÏS. Rendez-moi cette clé.

FRANÇOISE. Tu ne l'auras pas.

ANAÏS. Je te l'arracherai.

FRANÇOISE. Non, car la voilà dans la cour.

(*Elle la jette par la fenêtre.*)

ANAÏS. Méchante créature !

(*Elle tombe sur la chaise, et se met à pleurer.*)

FRANÇOISE. Pleure, pleure, va; tu pleurerais bien autrement si je t'avais laissé faire !

AIR : Epoux imprudent.

Anaïs, ma pauvre cousine,
Tu m'en veux beaucoup aujourd'hui;
Mais l'homm' dont l'absenc' te chagrine
Mérite-t-il que tu pleures pour lui !
Il n' mérit' pas que tu pleures pour lui.
A me blâmer j' te trouve prompte,
Mais j' fais c' que l' devoir me prescrit :
Tu ne pleures que de dépit,
Demain tu pleurerais de honte.

ANAÏS. Pauvre Oscar ! (*On entend sonner la demie.*) Minuit et demi! Il va se tuer. (*On entend frapper doucement à la porte.*)

OSCAR, *en dehors.* Anaïs. êtes-vous là ?

FRANÇOISE, *d'une grosse voix.* Non, elle n'y est pas; mais j'y suis, moi. Je m'appelle Françoise, et je suis la bourgeoise.

(*Anaïs pleure sur sa chaise. Françoise lui fait le signe impérieux de ne pas bouger. — Le rideau baisse.*

FIN DU DEUXIÈME ACTE.

Acte troisième.

Le carré sur lequel sont les portes d'Oscar et d'Anaïs. La porte d'Oscar est en face du public. A gauche, l'escalier.

SCENE PREMIERE.

THÉODORE, *seul, montant l'escalier.*

Six heures viennent de sonner à la Sœurbonne. Je n'ai pas fermé c'te nuit la moitié d'un œil. Il me faut une vengeance, il me la faut. Je ne suis pas un homme, je suis un lion déchaîné ; je suis un animal à qui la ménagerie a donné congé. Je n'aurais pas dû revenir, et dès que la porte a été ouverte, j'ai grimpé quatre étages, et me voilà sur le carré de cette scélérate de Françoise et de ce brigand d'Oscar, qui est venu se loger là, en face d'elle ! Il faut que je fasse un malheur et que je me périsse après ! Mais lequel est-ce des deux que je tuerai ? Ce sera-ti lui ou elle ? ce sera le premier que je verrai, le premier qui sortira.

SCENE II.

THÉODORE, FRANÇOISE.

(On entend frapper en-dedans, à la porte d'Anaïs.)

THÉODORE. Tiens !.. qui est-ce qui frappe donc là, en-dedans ?
FRANÇOISE, *derrière la porte.* Y a-t-il quelqu'un sur le carré ?
THÉODORE. C'est la voix de Françoise.
FRANÇOISE, *de même.* Est-ce vous, voisine Leroux ?
THÉODORE. Elle me prend pour une voisine.
FRANÇOISE. Répondez donc.
THÉODORE. Répondons à tout hasard ; je saurai de quoi qu'il retourne. (*Faisant une petite voix.*) Oui, c'est moi, mam'selle Françoise.

FRANÇOISE. Voulez-vous me rendre un service ?

THÉODORE, *d'une petite voix.* Oui : mais pourquoi qu'vous ne sortez pas ?

FRANÇOISE, *de même.* Je ne peux pas, je suis enfermée à double tour.

THÉODORE, *de même.* Je ne peux pas vous ouvrir : il n'y a pas de clé à la porte.

FRANÇOISE. Je le sais bien. La clé est dans la cour.

THÉODORE. Dans la cour ?

FRANÇOISE. Oui, elle est tombée par la fenêtre. Faites-moi le plaisir d'aller la chercher et de me déprisonner.

THÉODORE, *à part.* Tiens! c'est drôle ça. (*D'une petite voix.*) Par quel hasard donc que votre clé est tombée par la fenêtre ?

FRANÇOISE. Je vous conterai ça, voisine Leroux ; ça serait trop long par le trou de la serrure.

THÉODORE, *de même.* J'y vais, et je reviendrai vous ouvrir. Attendez-moi.

FRANÇOISE. Je suis ben forcée de vous attendre.

THÉODORE, *de même.* Dites donc, mamselle Françoise, y a-t-il long-temps qu'elle est tombée, votre clé ?

FRANÇOISE. Depuis hier au soir. Mais allez donc vite.

THÉODORE, *de même.* J'y cours. (*à part.*) Enfermée depuis hier au soir! et avec qui ? je le saurai, par exemple. Allons chercher c'te clé. . pourvu que quelqu'un ne l'ait pas ramassée. (*Il descend l'escalier.*)

SCÈNE III.

OSCAR, *en robe de chambre, casquette, et entr'ouvrant sa porte.*

Qui est-ce qui parle donc depuis si long-temps sur le carré ? (*Il va voir du côté de l'escalier.*) Je ne me trompe pas : c'est le galant de Françoise. Elle s'est moquée de moi, cette gamine-là! Est-ce que je ne pourrais pas l'en faire repentir? C'est qu'il faudrait me compromettre avec son Todore, comme elle dit. Oh! je ne puis pas me dissimuler que je suis mystifié.

SCÈNE IV.

OSCAR, ALFRED, *entrant par l'escalier.*

ALFRED. Tiens, te voilà déjà levé? Je croyais te trouver dans les bras *de l'orfèvre!* Je venais féliciter le vainqueur! car tu es vainqueur, n'est-ce pas? Tu as été plus heureux que moi?

oscar. Avec un autre, je mentirais ; je ferais l'homme à bonnes fortunes, le fendant, je ferais comme tant d'autres !

air : *Voilà le Parnasse.*

Sur la beauté chantant victoire,
Que de séducteurs, entre nous,
Montrent, pour nous en faire accroire,
Des portraits et des billets doux !
Mais souvent leur triomphe est louche,
Ils sont comm' ceux qu'on voit s' prom'ner
Avec un cur'dent à la bouche
Pour fair' croir' qu'ils vienn'nt de dîner.

alfred. Comment, toi, Oscar ! le Lovelace de la grande Chaumière ! l'Antony du Vauxhall !

oscar. Je suis enfoncé.

alfred. Cette Anaïs a donc des principes à mériter le prix Monthyon !

oscar. Du tout. J'étais sûr de mon affaire, comme Faust avec Marguerite ! Mais un Méphistophélès femelle est venu se jeter à la traverse...

alfred. Explique-moi donc ce logogryphe.

oscar. C'est cette Françoise qui m'a dépisté ; c'est un démon incarné, que cette petite fille là.

alfred. C'est inconcevable ! Pas d'éducation, des manières à faire croire que rien n'est plus facile, des farces en veux-tu en voilà ! Et puis, avec des dehors de farceuse, une vertu de bégueule ! C'est à mettre sous verre, c'est à faire empailler, ma parole d'honneur.

oscar. Tu dois être vexé aussi !

alfred. Je le crois bien, vexé de la dernière vexation ! vexé comme un courtier marron qui joue la hausse et qui voit arriver la baisse ; comme un joueur de roulette qui met sur la rouge et qui entend proclamer la noire.

oscar. Cependant, tu n'étais pas amoureux, au lieu que moi...

alfred. C'est bien pire ! parce que l'amour, c'est un sentiment !... Tu as la ressource d'en aimer une autre, au lieu que moi, c'est l'amour-propre qui est compromis !

air : *Abonné de l'Opéra.*

Mon cher, c'est comme un homme en place
Que la fortune caressait,

Et qui, se trouvant en disgrace,
Perd le poste qu'il occupait :
Lorsqu'il se retire on doit croire
Que dans ses nobles sentimens
Il ne regrette que la gloire...

OSCAR.

La gloire, et les appointemens.

ALFRED. Au surplus, je ne pense pas que tu aies envie de te brûler la cervelle comme Werther, ou de t'empoisonner comme Chatterton : il est encore plus moderne de survivre à son malheur.

OSCAR. Crois-tu ?

ALFRED. J'en suis intimement persuadé.

OSCAR. Figure-toi, mon cher, que je m'étais mis en frais. J'avais fait préparer le déjeûner le plus fin ! un perdreau truffé, deux bouteilles de champagne !

ALFRED. Chez toi ?

OSCAR. La table est toute servie.

ALFRED. Et tu ne me le dis pas ? Mais voilà la plus belle consolation ! c'est cela, mon ami, qui est moderne ! Un perdreau truffé, du champagne !

OSCAR. Et mes pistolets qui étaient chargés !

ALFRED. Nous les tirerons au dessert : mais entrons donc bien vite chez toi.

OSCAR. Ma foi, je crois que tu as raison.

AIR du Régent.

Oublions ces sottes beautés,
Leur ton glacé, leurs fronts sévères,
Et goûtons d'autres voluptés
Entre les flacons et les verres,
    Et les verres.
Versons le nectar le plus pur,
Prenons ce qui se laisse prendre :
Si ces femmes ont le cœur dur,
Au moins le perdreau sera tendre.
C'est être dupe que d'attendre,   *bis ensemble.*
Et ce qu'on tient est le plus sûr.

(Ils entrent chez Oscar.)

SCÈNE V.

THÉODORE, *seul, remontant l'escalier.*

J'ai eu joliment de la peine à trouver c'te coquine de clé. La portière, qui me disait : *Qu'est-ce que vous cherchez dans c'te cour?* Il faut dire que la cour est si grande, que son fourneau et la brosse à souliers de son mari en tiennent la moitié. — Elle passait sa tête par son carreau de fer blanc, et me disait : *Quecqu' vous avez perdu?* — Enfin, à force de chercher, je trouve c'te clé où?... au fond de la marmite où elle avait fait chauffer son café au lait. La voici, et je vais rendre la liberté à mamselle Françoise, si elle n'est détenue pour autre cause; mais il faudra qu'elle m'explique la robe de mérinos qui avait une paire de bottes. *(Il va ouvrir la porte.)*

SCÈNE VI.

THÉODORE, FRANÇOISE.

THÉODORE.

AIR : *C'est encor moi.*

Un double tour   (*bis.*)
Me répond de ma bien-aimée.
Pour un volage' quel bon tour,
Quand l'amant la tient enfermée
A double tour :

(Il ouvre.)

FRANÇOISE, *sortant.*

Merci, voisine.. Tiens! c'est vous, Todore!

A double tour   (*bis.*)
C'te nuit je m'enfermai moi-même.
A quelqu'un j'ai fait un bon tour,
Pour ne pas faire à c'lui que j'aime
Un mauvais tour!

THÉODORE. Vous v'là libre, mamselle Françoise; quoique je ne suis pas Saint-Simonien, je viens de faire la femme libre!..

Mais je suis flatté de vous dire que vous m'avez blessé au cœur. Je ne suis pas venu ici pour demander une explication ; je n'en veux pas. Une femme qui dissimule un dandy sous une robe de mérinos, est à mes yeux plus criminelle que la *Tour de Nesle !* Je ne veux donc pas que vous vous justiciez ; mais je suis curieux de savoir ce que vous pourrez me dire pour votre justification.

FRANÇOISE. Et moi, mossieu Todore, je vous dirai qu'un homme de votre âge et de votre sexe, qui est susceptible de croire que Françoise Caloquet est capable de ce que vous avez la bassesse de penser, n'est pas digne qu'on se donne la peine de détruire ses opinions... En conséquence, je vais vous retirer de votre erreur profonde.

THÉODORE. Oh ! mon dieu, ça m'est égal ; je ne veux rien savoir... Voyons ce que vous pourrez me dire.

FRANÇOISE. Vous ne méritez pas que je m'explique ; vous ne saurez rien... Seulement, apprenez que l'apparence était contre moi, mais que je n'étais pas coupable.

THÉODORE. Je suis bien sûr que si... Mais dites-moi toujours ce que M. Oscar faisait là.

FRANÇOISE. Je serais bien bête de vous le dire !.. Il s'était caché pour attendre Anaïs.

THÉODORE. Je parie bien que c'était vous qui l'aviez fait cacher ; mais j'aime mieux croire que non.

FRANÇOISE. Je pourrais vous donner la preuve du contraire, mais je m'en garderai bien... Vous saurez pourtant que tout-à-l'heure, en vous attendant, j'ai entendu derrière ma porte une drôle de conversation, et qu'en désabusant Anaïs sur le compte de ce mauvais sujet d'Oscar, j'ai le moyen de vous désabuser aussi.

THÉODORE. Vrai ?.. Oh ! désabusez-moi, Françoise ! désabusez-moi !

FRANÇOISE.

AIR : *Vois-tu cette nacelle.*

Un' femm' veut qu'on la croie,
Mêm' quand ell' ment un peu.

THÉODORE.

J' vous croirais avec joie,
Mêm' quand ce n' s'rait qu'un jeu.

FRANÇOISE.

Quand d'un autre ell' s'rait folle,
N' faut pas penser qu' ça soit ;
Il faut croir' sa parole
Plutôt que ce qu'on voit.
     Ah ! ah ! ah !   (*bis.*)
Sans fair' tant d'embarras, ah !
C' qu'un' femm' fait dans ce cas,
   Ah ! j' vous l' dis tout bas,
      Ça n' se d'mand' pas.

THÉODORE.

François', ma bonne amie ,
Qu' voť cœur réponde au mien !

FRANÇOISE.

N'ayez plus d' jalousie ,
Et maint'nant je l' veux bien.

THÉODORE.

V'là l' jour qui nous éclaire,
Dit's-moi que c'est la nuit ;
Quand n'y aura pas d'lumière,
Dit's-moi que le jour luit.

FRANÇOISE.

   Ah ! ah ! ah !   (*bis.*)
L'amant doit êtr' comm' ça , ha !

ENSEMBLE (*bis*).

THÉODORE.

L' mari d' même sera ,
Ah ! j' vous l' dis tout bas ;
   Ça n' s' demande pas.

THÉODORE. Nous voilà raccommodés, ça vaut mieux que de se bouder.

FRANÇOISE. Entre bons enfans, la paix est bientôt faite.

THÉODORE. Mais quequ' vous avez donc entendu, que vous me disiez ?...

FRANÇOISE. C'est rapport à c'te pauvre Anaïs. Laissez-moi

faire, j'ai une bonne idée... La voilà qui vient, cachez-vous un instant sur l'escalier, M. Todore, et laissez-moi faire.

THÉODORE. Je ne serai plus curieux, mais j'aime autant voir.

(*Il se cache sur l'escalier.*)

SCÈNE VII.

FRANÇOISE, ANAIS, THÉODORE, *sur l'escalier.*

ANAÏS, *à part.* Je n'ose sortir, je n'ose m'informer!...

FRANÇOISE. Viens donc, Anaïs, tu ne me regardes pas en face. Est-ce que tu m'en veux encore?

ANAÏS. Non; je sais que ce que tu as fait était pour mon bien; mais malgré tous tes raisonnemens, je suis convaincue que M. Oscar m'aime.

FRANÇOISE. Eh ben, ma pauvre Anaïs, j'en suis sûre aussi.

ANAÏS, *surprise.* Comment!

FRANÇOISE. Si tu savais ce que j'ai entendu tout-à-l'heure!

ANAÏS., *vivement.* Ah! mon dieu!

FRANÇOISE. Il disait à M. Alfred que puisque tu avais manqué à son rendez-vous, il voulait mourir.

ANAÏS. Mourir! il faut l'en empêcher.

FRANÇOISE. Attends donc. — M. Alfred est aussi amoureux de moi que M. Oscar l'est de toi, et ils vont se tuer ensemble.

ANAÏS. Se tuer! Mais où sont-ils?

FRANÇOISE. Dans leur chambre. Ils se disposent à périr pour nous.

ANAÏS. Ils vont s'asphyxier, peut-être: il faut leur porter du secours.

FRANÇOISE. Non, ils ne s'asphixieront pas.

ANAÏS. Ils s'empoisonneront.

FRANÇOISE. Je ne crois pas.

THÉODORE, *à part.* En v'là pour la *Gazette des Tribunaux.*

ANAÏS, Mais, Françoise, quel sang-froid! il faudrait pourtant les sauver, ces pauvres jeunes gens!

FRANÇOISE. Un moment, laisse-moi voir.

(*Elle va regarder à la porte du fond, par le trou de la serrure.*)

ANAÏS. Il faut entrer.

FRANÇOISE. Ah! ma chère amie, je crois qu'ils vont se casser la tête!

ANAÏS. Avec des pistolets ?

(*Dans ce moment, deux détonnations se font entendre. Anaïs jette un cri.*)

ANAÏS. Ah ! ils sont morts !
FRANÇOISE. Non.

(*Elle pousse brusquement la porte. On voit Oscar et Alfred tenant chacun une bouteille de vin de Champagne, dont le bouchon vient de sauter, et qu'ils versent à plein verre.*)

SCÈNE VIII , ET DERNIÈRE.

FRANÇOISE, ANAIS ; THEODORE, *accourant* ; OSCAR ET ALFRED, *à table.*

ALFRED et OSCAR.

AIR *connu.*

Lorsque le champagne
Fait en s'échappant
Panpan,
Ce doux bruit me gagne
L'âme et le tympan.

FRANÇOISE.

Les v'là, chère amie,
N' crains pas pour leur vie :
Ils sont, je l' parie,
En parfait' santé.

ALFRED et OSCAR.

Belles
Trop rebelles !
Au diabl' les cruelles !

THÉODORE.

Ce n' sont pas leux cervelles,
C'est l' bouchon qu'a sauté.

ENSEMBLE.

Lorsque le champagne
Etc. , etc.

ANAÏS, *se jetant dans les bras de Françoise.* Merci, Françoise ; merci, ma chère amie ; c'est moi qui te suis redevable. Je ne t'avais sauvée que de la misère ; tu m'as sauvée du déshonneur.

OSCAR. Ah ! Mesdemoiselles, vous nous avez joués.

ALFRED. Est-ce qu'on ne peut pas se réconcilier ?

FRANÇOISE. Non.

OSCAR. Si vous me tenez rigueur, je déménage.

ANAÏS. Vous pouvez donner congé.

THÉODORE. Et plutôt aujourd'hui que demain.

FRANÇOISE. Allez trouver des demoiselles plus huppées, et laissez-nous tranquilles. Vous êtes enfoncés, séducteurs ; et par qui, par une gamine.

VAUDEVILLE.

AIR *de la Saint-Simonienne.*

TOUS.

Gaminer est à la mode ,
Cela se voit en tout lieu :
On trouve ça fort commode ,
Tout le monde gamine un peu.

ALFRED.

On prône par la ville
Le drame adultère, assassin ;
J'aime mieux l' vaudeville,
D' la littératur' c'est l' gamin.

OSCAR.

Pour varier la vie
Je suis gourmet dans un festin,
Tendre avec une amie,
Puis avec les amis, gamin.

ANAÏS.

Je ne suis plus classique ,
Je veux mélanger dès demain
L'âme du romantique
Avec la gaîté du gamin.

THÉODORE.

Avec un' bell' danseuse

On craint de chiffonner l' satin :
  Un' petit' blanchisseuse
Répar' c' qu'a chiffonné l' gamin.

FRANÇOISE, *au public.*

  V' là qu' la peûr me domine.
Ah ! Messieurs, prêtez-moi les mains ;
  Pour sout' nir la gamine,
Faites-vous un p'tit peu gamins.

C'est vrai, il faut quelquefois laisser la raison pour la folie, et le bon sens pour la gaieté. Un moment de laisser-aller n'est pas défendu. Voyons, encouragez-moi, et chantez mon petit refrain.

Gaminer est à la mode,
Cela se voit en tout lieu :
On trouve ça fort commode,
Tout le mond' gamine un peu. (*)

FIN.

(*)   *Couplet chanté à la première représentation.*

Messieurs, encore un' phrase :
Faites-moi faire mon chemin
Comm' mon frèr' du Gymnase ;
Il est si gentil, ce gamin !

Comme il joint la gaieté au sentiment ! comme il empaume le public avec ses gamineries de bon goût ! Je n'ai pas son tact de finesse ; mais je ne suis que sa sœur cadette : allons, voyons, encouragez-moi..... etc.